「ここ塗ってね」と画用紙を指差した わたしの指を丁寧に 塗りたくってくれる 特別支援学校って 最高じゃない？

平熱

飛鳥新社

はじめに

はじめまして。

知的障害のある子どもたちの通う特別支援学校で先生をしています。平熱です。名前だけでも覚えて帰ってください。

先生になるまえから、ずっと疑問に感じていることがありました。映画やドラマ、なんなら実際の現場でも、良しとされる先生は「熱血」の人ばかりだなって。学校に通う子どものために自分や家庭の時間、やりたいこと、ときにはお金まで犠牲にして、尽くしている人ばかりが評価されるような世界だと感じていました。学生のときにも思ってましたもん。先生、いつ休んでんだよって。

だから、自分が先生になるときには「熱血」先生には絶対にならないぞと決めてました。ま、なれないんですけど。

毎日、与えられた役割をできるだけ懸命に果たして定時に帰る。100点じゃなくていいから淡々と授業をして、淡々と業務をこなす。子どもたちをこっちの都合で追い込まず、価値観も押し付けない。理想ばかり追いかけず、現実との折り合いをつけながら、落とし所をつくる。

記憶にも記録にも残らなくていいから、子どもと保護者のニーズを地味に泥臭く満たせたらそれでいい。

そんな「平熱」で働く先生になりたいと思って、今も現場に

立っています。

どこにでもいる特別支援学校で働いてるひとりの先生、もしくはひとりの社会人として考えてることや思うこと。また、特別支援教育の基礎や基本。障害のある子どもたち、支える大人たちへのメッセージ。そんなことをゆったりと投稿してみようとX（Twitter）をはじめました。

教育や障害に関するむつかしい話はできないし、はっきり言ってわかりません。

毎日のらりくらり、役に立つような立たないようなことをなるべくユーモアをまじえて投稿しています。そんな投稿を、今では特別支援学校に関わる人を中心に、たくさんの人がよろこんでくれるようになりました。特別支援の世界とは近くない人にも、よろこんでもらえることが増えました。

この本は、今までのツイートの中から１０１本を集め、そのすべてにあたらしく解説とイラストをつけたものです。

特別支援学校のこと、そこに通うファニーでキュートな子どもたち、全人類に有効な特別支援教育のこと。また、ひとりの「平熱」で働く先生の考えなんかを知ってもらえたらうれしいです。

平熱

もくじ

Staff

装丁・デザイン　　大塚さやか
イラスト　　　　　メイ ボランチ

Part.1

春の授業
Apr.-Jun.

このツイートを目にしたあなたにだけ、
とんでもない秘密を教えるね。

「特別支援教育は全人類に有効です」

特別支援教育

特別支援教育って、障害のある子どもたちや発達につまずきのある子どもたちのための教育だと思われちゃうんですよね。でも、ちがうんです。特別支援教育ってのは「特別"に"支援を必要とする子どもたちのために語られることが多いだけで、特別"な"支援をする教育じゃない」んです。むしろ子どものためのものでもありません。障害があってもなくても、わたしだって、あなただって。おじいちゃんだって、ギャルだって。みんながみんなに有効です。

自己肯定感は
伸ばさなくても
つぶされなければ伸びるのよ。

このむつかしい話わかる？

「**あ**りのままの自分を肯定する、好意的に受け止めることができる感覚」なんて冒険マンガの主人公みたいなこの感覚。教育界はすぐ「自己肯定感」を「伸ばそう伸ばそう」とあの手この手でがんばっちゃう。意味がないとは言わないけれど、嫌がることや苦手なことを強引にやらせてつらい気持ちにさせないとか「つぶさない」ことのほうが大事だよ。特別な光や土なんていらない。「伸ばそう伸ばそう」としなくていい。自然に咲いた花でも見てみ。大切なのは光を遮らないこと、水を止めないことだってわかるでしょ? あとは勝手に花開く。

特別支援学校に入学した保護者は
「うちの子は〇〇ができないし、〇〇を
しちゃうからご迷惑をおかけします」
なんて"まず先に"謝ってくれる。
もしかしたら今までそうやって
たくさん謝ってこられたかもしれませんが、
大丈夫ですよプロなんで。

困ってることは減らしていって、
うれしいことは増やしましょー。

特別支援学校の保護者さんは、ほんとうにやさしい方、人の気持ちに寄り添える方が多い。だから、子どものふだんの行いで「迷惑をかけちゃう」と「先に」謝ってくれる。でもね、整骨院に行って「腰が痛くてご迷惑をおかけします」とは言わなくない？ 美容院に行って「髪伸びすぎてごめんなさい」なんて言わなくない？ 困ってることがあって、その解決のためにプロがいて、解決のための場所がある。もし謝ってくれるなら、なにか起こった「あとで」いい。それはわたしたちだってそう。あと、これだけは覚えてて。保護者さんもお子さんも、なんにも悪くないからね。

障害のあるなしで「学ぶ場所を分ける」ことに敏感な人がいる。

「多様性」「共生社会」なんてむつかしくて強いことばを出して「みんなおなじ場所」がすばらしいか説いてくる。

でもさ、**その子の環境を考えて「学ぶ場所を分ける」ことで通う特別支援学校って「場」に救われてる人はきっと大勢いる**んだよ。

「**み**んなおなじ場所で学ぶべき！」と大きな声で叫ぶ人がいる。その人たちは、一度でも特別支援学校にきたことがあるのかなぁ？ 一度でも、特別支援学校で学ぶ子どもたちを見たことがあるのかなぁ？「みんなとおなじ」じゃむずかしい子どもたちが、少人数でひとりひとりの得意や苦手に合わせた教材や授業で学習することが「多様性」を尊重されず「共生社会」から遠い姿だなんて、わたしはまったく思わない。「みんなとおなじ」がすばらしいんじゃなくて「みんなとちがう」がバカにされず認められる社会がすばらしいんじゃない？

特別支援学校に通う子どもへの対応は「"ふだん"どのくらいできるか」を知っておくことがとっても大事。
たとえば「あいさつの声が小さい！」なんて怒ったその子が「"ふだん"はあいさつ自体がなかなかできない子」だったらどう？

「なにができたか」だけじゃなく「どのくらいできたか」を見てあげたい。

1 00メートルを9秒で走れなくても絶対怒らないのに、あいさつの声が小さいことは怒っちゃう。それは「できなくてあたりまえ」と「できてあたりまえ」にわたしたちが知らない間に線を引いているからだ。もちろん、給料をもらって働く大人に「あいさつの声が小さい！」と怒るのは仕方ないのかもしれない。でもさ、特別支援学校に通う子どもたちはそうじゃない。いろんな特性や生きづらさを抱えた子どもたちの「ふだん」をちゃんと知ってたい。その「ふだん」からがんばったところを、できたところを、しっかり見つけて祝いたい。

指導の一手目は「怒鳴らない」
なんだよ。

このむつかしい話わかる？

あるよ、そりゃあ。カチンとくることも、許せないことも。でも決めておく。指導の一手目は「怒鳴らない」。だって、怒鳴られた子どもは「こわい」で頭が占拠されちゃうから。「こわい」が身体中をめぐってるときに、先生のことばなんて届くわけないじゃん。わたしたちは、冷静さを失った子どもたちからその場しのぎの「ごめんなさい」や「もうしません」を引き出したいわけじゃない。「なにが悪かったのか」「どうしたら防げたのか」「繰り返さないためにはどうすればいいのか」をしっかり考えてもらうなら「怒鳴る」はちっともいらないや。

支援学級で友だち関係に悩み、支援学校へと転入した男子。

始業してすぐ、同級生で発語のない自閉症男子にくっつくように。

「なんでその子が好きになったの？」と聞くと

「絶対ぼくをバカにしたり悪口を言ったりしないし、いつも笑顔だから」

否定も肯定もせず「そこにいる」ことで救われる人がいる。

支援学級でつらい思いをしてきた男子は、いつもほめてほしかったわけじゃない。ただ、受け入れてほしかった。その子が自閉症の男子にくっつくことは、人の輪に入ることになる。おだやかでやさしい笑顔の彼に、癒されたい人がいつも自然と集まるから。その輪の中に入れば、人との距離が詰まり、会話が生まれ、コミュニケーションが形成される。そうやって、ひとり、またひとり、転入した彼を受け入れてくれる友だちができたこと。なにより、特別支援学校でまずこの子と関係を築けたこと、今でもうれしく思ってる。

8

101

今年度はじめての給料が振り込まれた。

どう考えても2億足りない。

0

特別支援学校で子どもの予測不能な行
動にテンパったときに唱える呪文を教
えておくね。

「それはそれであり」

もうね、テンパってんすわ、一日中。思てたんとちがー う！って何度も叫んでんすわ、一日中。考えた 授業がうまくいかなくて、用意した教材にそっぽ向かれ て、研修で学んだ声かけだって効果なし。でも、そのた びに落ち込んで、怒って、焦って、空回ったって仕方な い。できることは、「つぎの一手」しかない。だったら 「それはそれであり」と軽やかに明るく切り替えて、「つ ぎの一手」を考えたい。思うようにいかないできごとに 「それはそれであり」と微笑むくらいの余裕がほしい。さ、 口に出して唱えるよ。「それは、それで、あり」

こどもたち が はしりだした。

コマンド
▶それはそれであり

特別支援学校に通う子どもの多くは「大丈夫？」と聞くと「大丈夫」、「わかった？」と聞くと「わかった」と答えちゃう。だから「**やってみて**」「**説明してみて**」**と子ども本人になにかとやってもらおうね。**
おうむ返しのラリーで「お、わかってんな」なんて納得しちゃいけないよ。

大丈夫？　わかった？

学校の先生は、子どもにわかってほしい。わかってもらえないことがこわい。だから「わかったかどうか」「大丈夫かどうか」確認したくて仕方ない。だから「大丈夫？」「わかった？」と促さずにはいられない。でもそうすると、子どもは言っちゃう。ほとんど反射で言っちゃう。つくられた流れに乗っちゃう。お互いに大切なのはその場しのぎの「大丈夫」でも「わかった」でもないでしょう？「できる」ようになったかどうか、子ども自身に手や口を動かしてもらってきちんと確認していこう。

「言ったかどうか」じゃなくて
「伝わったかどうか」なんだよ。

このむつかしい話わかる？

「**あ**れしてって言ったよね!?」とこわい先生が怒ってる。子どもって、言っただけですべて覚えて、言っただけですべて理解して動けるの？ みんながそれをできるなら、先生の仕事はラジカセだってできちゃうよ。おなじ言い方でわかる子もいれば、わからない子もいる。ことばでわかる子もいれば、紙に書いたほうがわかる子もいる。1回でわかる子も、5回でわかる子もいる。字だけで覚えられる子も、絵をつけたほうが覚えられる子もいる。目的は「伝わる」こと。「言う」は目的じゃなく手段。勘違いしちゃいけないよ。

「連休が続くからきょうも休みがよかった！」と不機嫌に八つ当たりしてきた男子に
「先生もだわ!!」と５倍くらいの熱量で返したら「先生もなの!?」と驚かれたので**「先生こそだよ!!」**と格好いい大人とはなにか教えておきました。

子どもって「学校の先生は仕事が大好き！ 休みなんかいらない！」なんて平気で思ってることあるんです。だから「先生はたのしいからいいけど、ぼくは来たくなかった！」と平気で口にするし、平気でぶつけてくる。だから「先生だって休みたい！ むしろ先生こそ休みたい！」と声を上げられるとビックリしちゃう。でも、知っててほしいのは「休みたかった先生」と「休みたかった子ども」が協力してつくる授業だって、案外悪くないんだよってこと。「やりたくなくて泣いたけど、やったら悪くなかったな」って経験をたくさんたくさんしてほしい。あー、休みてー！

学校なんてのは子どもにとって「逃げられない場」だからこそ「母の日」をテーマにした授業はしない。

感謝の手紙も書かないし、カーネーションの工作もしない。

みんなにお母さんがいるわけじゃないし、いても良好かなんて知らないし。

「逃げられない場」での傷をできる限り少なくするのも先生の仕事だよ。

手紙をもらって、カーネーションをもらって、うれしいお母さんがいることなんてわかってる。あげてうれしい子どもがいることだってわかってる。ただ、学校でしなくていいじゃない。「逃げられない場」でしなくたっていいじゃない。手紙を渡したうれしさは、きっとすぐに忘れちゃう。でも、手紙を書いた苦しさは、きっとなかなか忘れない。わたしは「だれをよろこばせるか」の"まえ"に「だれかを傷つけやしないか」をしっかりたくさん考えたい。みんなが無傷で過ごせるワケなんてないけど、「その子にはどうしようもないこと」で、傷を増やしちゃいけないよ。

特別支援教育では"具体的"に伝えることが大切。

わたしたちも「もうすぐ着く」の「もうすぐ」が5分ならそのまま待つけど30分なら本を読めるし、1時間なら店に入ってコーヒーを飲める。

「〇分で着く」のように"具体的"に伝えることは正確な「見通し」を持たせ、相手が感じるストレスを減らせるんだよ。

わたしたちは知らない間に、意識してないうちに、生活に「見通し」をもって暮らしてる。「あとこれくらいだろうな」「次はこうなるだろうな」「ここまでしたら終わりだろうな」なんて「見通し」を知らず知らずにもっている。ふだんは気づきにくいけど、「見通し」がもてない（もちにくい）場面に遭遇すると、ストレスを感じて仕方ない。もちろん人によってその耐性はちがうけど「見通し」をもたせることで迷惑な人っていないから、いつだって「具体的」に伝えることはだれにとってもハッピーじゃない？

たとえば特別支援学校に通う子どもに
「①静かに②すわって③友だちを見る」
目標があったとする。その子はどの項目にも課
題がある。

①②③を「**同時に**」満たそうとする指導
はよくない。

②を狙うなら

「**①うるさいけど②すわって③友
だちは見ていない**」

は一旦セーフにしよう。

まず、できた②を祝おうよ。

「で_{きた}」と「できてない」の線引きを0か100かだけでジャッジしちゃいけないよ。「静かにすわって友だちを見る」がすべてバッチリなら100点。そしたら「できた」になることなんてわかってる。でも「うるさいけどすわって友だちは見ていない」だって0点じゃない。だって「②すわって」は「できた」んだから。いつだって100点以外を「できてない」なんて言うんじゃなく「上手にすわれてるね」と、まずは「できた」を祝うことからはじめたい。「できてない」の攻略は、少しの「できた」を祝ってからでも遅くない。

メンタルがヘラったときは「掃除」に限る。

ラジオや音楽をかけながら。

「じっとする」「考える」じゃなく「体を動かす」「考えない」ことでメンタルを立て直す。

掃除は適度な疲労感と「目に見える成果」が一瞬で形成される最適解。あと終わりがない。

おはようございます。

へたれた心は掃除で磨け。

うまくいかないことやアンラッキーが続くと、どうしても心が沈んじゃう。強い人は「メンタルを鍛える！」「ポジティブに考える！」なんて「向き合うアプローチ」でもいいんだろうけど、だれにでもできることじゃない。だったら「向き合わないアプローチ」でもいいじゃない。これに必要な条件は「体を動かす」「考えなくてもできる」、そしてあわよくば「成果が見える」こと。もちろんこれは「掃除」だけじゃない。「料理」や「絵を描く」でもいいし、「筋トレ」や「ゲーム」、「写経」だってそうかもね。悩むために悩むなら、悩んでるまま動きましょ。

６月に祝日ないのは
どう考えてもミスじゃない？

ミスでしょ、
明らかに。

わたしは特別支援学校に通う子どもた
ちの心身を健康に保ちたい。
**そのためにはわたしの心身が健康
でなければならない。**

このむつかしい話わかる？

寝不足でフラフラのパイロットが操縦する飛行機に乗りたい？ 劣悪な環境での勤務が続いて手の震えが止まらない外科医に手術をしてほしい？ いいサービスを提供しようと思ったら、いいサービスができる健康状態じゃなきゃいけない。だからわたしたちは、自分の心や体を追い込みながら子どもたちのまえに立っちゃいけない。もしそうなってしまうなら、休んだり助けてもらえたりする環境じゃなきゃいけない。だれかの力になろうとするまえに、自分を大切にしなきゃいけない。助ける立場の人を、守れるだけの環境をみんなで整えなきゃいけない。

「すぐ嘘をついて誤魔化す子」への対応として、まず「嘘をついていい場」を用意する。

具体的には「人狼」など「嘘がプラスになる」ゲームで、好きなだけ嘘をつける環境を設定。

上手な嘘をほめながら「嘘をついていいのはゲームだけ」と伝えつつ、ゲーム外で嘘をつくデメリットも伝えてく。

人狼など「嘘がプラスになる（嘘をついていい）ゲーム」をすると、子どもたちから自然 と「怪しいと思って聞くと、全員が嘘をついているように感じる」なんて声が上がる。そうなんだよ。その通り。これはゲームだからいいけど、ゲームの外で「この人の言うことは信用できないな」なんて思われたらどう？ 生活のすべてにおいて「嘘をついちゃいけない」なんてえらそうなことは言わない。でも「嘘をつく」ことは、大事な大事な「信用」って財産を少しずつ減らす。「信用」がなくなると、こまったあなたを助けてくれる手が減っちゃうよ。

特別支援学校では「選ぶ練習」をする。どんなときでもなるべく「ＡとＢ」「メニューから」など、やりたいことを選び、やれるようにしてあげる。

そのほうがたのしいし、選ぶ（決める）力も育つ。

そしてとても大切なのは**「嫌」と「ちょっと嫌」から「ちょっと嫌」を選び、なんとか折り合いをつける力。**

めんどうくさい歯磨きを毎日がんばるのは「歯を磨くしんどさ」より「虫歯になる」ほうが嫌だから。こんな「見通し」がもてると「折り合い」をつける力も育ってく。特別支援学校には「得意なこと」「好きなこと」「興味のあること」なら何時間でもできるけど、そうじゃないことは途端にやりたくないし、やろうとしない子どもがいる。好きなこと、得意なことだけで飯が食えればいいけど、現実はそんなに甘くない。いろんなことにうまく折り合いをつけて「やりたくないけど、がんばるか」を増やしていけたらクールだね。

特別支援学校でいう「見通し」はスケジュールや手順書で「つぎの活動を知らせること」だと思いがちだけど、これだけじゃないよ。
たとえば「味噌汁の具がわからなくて不安」なんて子に中身を説明したり、汁と具を分けたりするのも「見通し」だよ。

先行きが分からない不安を少しでもやわらげよう。

こ とばでのコミュニケーションがむずかしい子ども
が、給食で出された味噌汁を突然お盆の上にひっ
くり返した。なんでだろう？ と原因を考え、「味噌汁が
にごっているから、お椀の中身がわからないストレスで
は？」と仮説を立てた。つぎに味噌汁が出されたとき、
浅い透明のタッパーを用意した。「ここにひっくり返し
ていいよ」と声をかけると、勢いよくタッパーに味噌汁
を返し、具材を確認する様子。仮説は当たり、それから
お盆の上に味噌汁をひっくり返すことはなくなった。課
題を分析し、見通しをもたせれば、味噌汁がおいしく食
べられる。

具でーす！

子どもは「(悪気なく)主導権を握りたがる」ことがある。

だから主導権を握らせつつ、こっちの要求が通るように工夫する。

たとえば「**走るよ！**」**と背中を"押して"走らせるんじゃなくて「もう走れないよ…」と嘆いて背中を"押させる"ことで走ってもらう。**

北風より、太陽のほうがかっこいい。

「**お**は○う○ざい○す」あなたは「 」の中を「おはようございます」と読んだでしょ？　あ、ちがうか。「つい、読んじゃった」でしょ？ 人間てのは不思議なもので、空白があったら「つい、埋めちゃう」生き物なんです。こんな風に「やっちゃう」アイデアや工夫がつまった授業や教材をなるべくたくさん編み出したい。そのためには、私生活に転がる「やっちゃう」自分の行動に気づくこと。そして、どうしてそれを「やっちゃう」のか分解し、子どもたちに身につけてほしいあれこれへ応用できないか考えることが大事だよ。

「ほめる」が全知全能の神じゃないことなんてわかってる。「ほめる」がすべてに効果的じゃないことなんてわかってる。

それでも常に「ほめる」に体重をかけて指導をすることは、突発的な「怒る」をずいぶん遠くに追いやれる。

もしかしたら「怒る」を減らす（弱める）ために「ほめる」を選んでるのかも。

目立つんですよ、よろしくない行動って。で、それらを「いけないことだ！」「まちがってる！」とジャッジした瞬間、脳みそを通さず脊髄で怒る先生だって少なくない。でもこれって、イジワルな見方をすると「怒ってやろう」で構えてるんじゃないのかなぁ。すべてに「ほめる」を選択する必要なんてない。ただ、「ほめる」と「怒る」のどっちに軸足を置いてるかで、子どものいいところとよくないところの見つけやすさが変わってくると思わない？ いろんなことが起きるけど、よくないところを怒るより、いいところをほめられる大人でいたい。

がんばってる人を見たときは「あの人がんばってるな」で止めておこう。
「それに比べて自分は」を続ける必要なんてない。もちろん「あの人みたいにがんばれよ」とだれかに言うのは無責任にもほどがある。

おはようございます。
大丈夫、みんな必死やから。

だれが見ても「がんばってる人」がいる。でもね、だからって、あなたががんばってないわけじゃない。あからさまにがんばっている人や、がんばりが伝わりやすい人がいるだけで、あなたががんばってないわけじゃない。だから、がんばってる人と自分やだれかのがんばりを比べることはしなくていい。そして、いつだってがんばってないように見えるあの人が、がんばってないわけでもない。いや、ごめん。やっぱりあいつはサボってる。

「やろうと思って、できなかった」
の「やろうと思って」だけでも
ほめてあげたらいいじゃない。

「で きなかった」の「まえ」になにがあったか見てあげたい。世の中はきびしいから「結果がすべて」なんてことばも嘘じゃない。ただ、それでも「結果だけがすべてじゃない」と子どもたちには伝えたい。「やろうと思って」動いた分だけしっかりちゃんと見てあげたい。とはいえ、「できなかった」理由にも目線はきちんと向けておく。力士になりたいのに減量して、ボクサーになりたいのにちゃんこ鍋ばっか食べる「まちがった努力」をしてないか注意して、子どもたちの「やろうと思って」を大きく強く育てたい。

特別支援学校ではたらいてると、障害が「ある」「ない」の線引きなんてほんとに曖昧だと感じる。

障害の特性とされるあの子の「こだわり」なんて、形や大きさを変えてわたしにだってたくさんある。

世間的には障害が「ない」とされる人間だって、角度を変えて見つめれば、そんなに大きく変わんないかも。

どこからがそうめんで、どこからがひやむぎなんだろう。比べて食べればわかるかな？どっちにしろ、その境目は曖昧だ。障害を「ある」「ない」と分けることで、暮らしやすくなる人はいる。でも、その線引きや境目は案外ボヤけているんだよ。だから、障害が「ない」とされるわたしたちだって、障害が「ある」とされる人と似たようなところやおなじようなところがたくさんある。いわゆるルーティンだってあなたの「こだわり」だよ。こんなことを知ってるだけで「ない」が「ある」を見下すなんて、馬鹿馬鹿しいってわかるでしょ？

これがイイ

「座って待っててね」と言って振り返るともう立ってる特別支援学校って最高じゃない？

フリちゃうねん
!!!!!!!!!!!!!!!!!!!!!!!!

教えて！ 平熱先生!!

発達が気になる子どもたちと関わって生活する大人たちからの質問に、特別支援学校の先生がお答えします。

「障害ってなに？」と（健常な）子どもに聞かれたとき、どうやって説明しますか？

その子にとって「どうしようもない」困りごと。その子のせいでもお父さんやお母さんのせいでもない。あなたや、あなたのまわりにも「あたりまえ」にあるもの。

「子どもをよく知る」ために普段から心がけていること、ありますか？

見て、疑い、考え続けることです。なんでそうしたんだろう。なんであのときこうだったのに、今回こうなんだろう。と小さなことでも表情や行動を細かく気にしています。

障害のあるなしに関わらず、子どもと
接するときにいちばん考えていること
は？

心身の安全です。

支援学校の教員になろうと決めたきっ
かけ、理由はありますか？

はじめから目指してたわけではあり
ません。やってみて、できそうだな
と思ったからです。

「特別支援教育は全人類に有効です」と
よくツイートしていますが、どういう
点が「有効」なんですか？

課題を具体的に分解して、意識的で
はなく物理的なアプローチを行うこ
と、スモールステップでできるとこ
ろから解決していく点など多数です。

学校（高等部）卒業後の生活に向けて、
どんな取り組みをしていますか？

学校の内外に関わらず、基本的な身
辺自立や生活習慣、金銭管理、対人
関係などの知識や技術をその子に応
じて身につけてもらえるように努め
てます。

卒業後、学校でのサポートなどはある
んでしょうか？

基本的に、直接的な支援をすること
はほとんどありません。相談先は就
労先等になります。ただ、困りごと
への相談に乗るなど、簡単な対応を
行うことはあります。

アカウント「@ 365_teacher」の365っ
て「1年365日、常に先生」という意
味？

ちがいます。

Part.2

夏の授業
Jul.-Sep.

カーテンを開けたら夏休みの気配
がしたので
仕事に行きたくありません。

カーテンを開けた瞬間、体を貫く日光の破壊力。耳をこじ開けてくる元気なセミの大合唱。いたるところで「あ、これ夏休みのヤツだわ」と感じたらもう最後。仕事に行く気力なんて熱々の鉄板に打ちつけた水くらいのスピードで蒸発する。いつだって仕事に行きたくない理由は備えてるけど「暑い」はそれの最上位。あ、ちがう。「寒い」も「だるい」も「なんとなく」もだ。

「なんでわからないんだ。聞いてなかったのか！」どころか「**わからなかったことをもう一度聞き直せるの大事だね**」と伝える特別支援学校って最高じゃない？

簡単なんですよ。教える側が「どうしてわからないんだ！」「なんでできないんだ！」って怒るのは。自分の教え方を否定しなくていいし、至らなさと向き合わなくていい。そうやって怒っとけば「わからない」を、すべて子どものせいにできちゃうから。でも、そうじゃないでしょう。教える側に必要なのはそもそも「わかるように」教えること。そして、「わからない」ときにどうしたらいいかまで教えること。学校は、うまくいかなかったことをいつだって取り返すチャンスがある場所じゃないといけない。「わからない」を子どものせいにしちゃいけない。

子どもを怒る理由が「こっちの思うようにいかない」になってないか気をつけようね。

鳥に海の泳ぎ方を教えませんように。
魚に空の飛び方を教えませんように。

子どもを怒ってしまう理由が、こっちの都合になってませんか？ こっち側の「こうしてほしい」「こうしなきゃいけない」「こうあるべきだ」に敏感すぎやしませんか？ わたしたちは子どもを言いなりにしたいわけじゃない。ほんとうは子どものしたいようにやらせたい。ほんとうは子どもの好きなようにやらせたい。でもやっぱりそうはいかないから、ルールや約束からはみ出たところを「どうすればよかったのか」しっかり教えないといけない。子どもに大人が都合のいい姿を押し付けて、鳥になりたい子どもにクロールを教えちゃいけない。

教育が時代に合わせてアップデートされるなら、校訓もそうしなきゃいけないよ。

小学校や特別支援学校にありがちな「明るく」なんてワードはもう撤廃しないとね。

明るい子どもが暗い子どもより優れてるわけでもなんでもない。

明るい子と超明るい子を比べたら前者は暗い子？

もうやめましょ令和だよ。

自分らしく☺

特別支援学校は「個別の指導計画」を作成する。これには子どもたちが自立した生活を目指すために各教科の「目標」、目標を達成するための「手立て」、手立てを実践した「評価」が記される。そして、そのすべては「具体的」に書かれてないといけない。抽象的な表現は、できたかどうかわからないから。もし、校訓通り「明るく授業に参加する」なんて目標を立てて、それをどうやって評価する？ 1時間に笑顔が5回以上？ 90デシベル以上の声で発言する？ もうやめようよそんなこと。だって「明るい」はたのしく生きる必須条件じゃないからさ。

明るく

特別支援学校に通う子どもが「**どこで**」**課題につまずいたのかを理解**しないといけない。

この線引きをしてないとなんでもかんでも手を貸すことになって、どんどん子どもの自立から遠のいちゃう。

支援は「どのように」するかに目がいきがちだけど「どこからどこまで」支援するかもおなじくらい大切なんだよ。

たとえば「カップラーメンがつくれない」子どもがいたとする。でも、多くの場合、すべてができないわけじゃない。フィルムが剥がせない？ お湯が沸かせない？ 適量を注げない？ 3分が計れない？ 一言で「つくれない」とジャッジせず、子どもが「どこで」つまずいてるのかしっかり見極めなきゃいけない。それと同時に「どこまで」できているのかも確認しなきゃならない。「できる」ところに手を貸さず、「できない」ところに手を貸して、「できた」を大きくしていこう。

学部がちがうからなかなか会えないけど、朝た
まに会うダウン症の女の子。

**その子が笑顔でいう「おはようご
ざいます」が尊すぎて震える。マ
シュマロみたいに白くてやわらか
い笑顔。**

きっと私の名前も知らないけど、廊下で見つけ
たら笑顔で手を振ってくれる。もうほとんど座
敷童。

会えば１日しあわせ。

7月

特別支援学校に通う子どもたちにすてきな挨拶をしてもらうたび、この仕事を選んでよかったとさえ思う。しゃべれる子もしゃべれない子もいて、みんなそれぞれできる範囲で精一杯のあいさつをしてくれる。元気すぎる子もいれば、聞き取れないような小さな声の子もいるし、いろんな理由でまだうまく挨拶ができない子だっている。上手に声が出ない代わりに「おはようございます」と書かれたカードを見せてくれる子もいるんだよ。みんなが朝からたくさんのパワーをくれるから、先生はどうにか今日もがんばれます。

特別支援学校には「こうある "べき"」の
強い子どもが多い。

ドアは「閉まってる "べき"」だし、リモコンは「こ
こにある "べき"」が常にドアを閉めたりリモコ
ンを揃えたりする行動につながる。

**そして「べき」が崩れたらパニック
の原因にもなっちゃう。**

だから「べき」をほぐすのもわたしたち
の大事な仕事。

待ち合わせには10分まえにくる「べき」、プロポーズは夜景の見えるレストランでする「べき」。人はそれぞれいろんな「べき」をもっている。でも、社会でなんとかそれなりに生活を送れているのは、その「べき」に折り合いをつけられているからだ。特別支援学校に通う子どもたちの「べき」はそう簡単に0になるものじゃない。でも、まわりや自分が困るなら、1回でも「べき」の回数を減らしたり、弱めたりする練習をしなくちゃいけない。0にはできなくても、少しずつ「べき」をほぐしていきたいね。

支援学校に通う子どもは「聞いてほしい」が強すぎて、相手の都合を考えずにしゃべり続けることがある。

わたしたち教員は「仕事として」話を聞くこともできるけど、学校外ではむつかしい。

だから適度に話を聞きつつ「あなたの都合ばかり優先できない」を同時に伝えてく。

学校の勉強は学校の外で生きるため。

「先生、先生、聞いて聞いて！　あれがこれでそれでね…！」特別支援学校では決してめずらしくない日常のひとコマ。話したいことがあって、それを人に伝えようとしてくれる気持ちはうれしい。でも、コミュニケーションには相手がいる。相手の状況や気持ちを考えたり推し量ったりすることは、子どもたちが社会に出て生活していく上でとっても大事なスキルのひとつ。「話を聞いてあげたい」気持ちをもったまま「○分までなら話を聞けるよ」「連絡帳を書き終わるまで待ってくれる？」と具体的な声をかけ、自分の都合や感情をコントロールしてもらう。

「エッチな本の隠し方を教えてください」ってタイトルの質問を「思春期の男子が母親からエロ本を隠す話」だと思って内容に触れたら「母親が思春期の息子からBL本を隠す話」だった。

人間なんてのは先入観と偏見のかたまりだ。なんに対しても先入観をもつなとか、偏見をもっちゃいけないとか言われたって無理無理そんなの絶対無理。大事なのは先入観や偏見をもたないことじゃない。自分には凝り固まった偏見も先入観もあることを認めた上で、あたらしい価値観やあたらしい常識に盲目的な拒否反応を示さないことだ。理解できなくたって、受け入れられなくったって、「そういうこともあるんだな」とひとつの事実として自分の外側や知らなかった世界を知ってこう。わからなくていいし、できなくていい。まずは「知る」からはじめよう。

子どもが筆箱を落として、中身が散らばった。

このとき大事にしたいのは「まずは」この子自身がすべてを拾おうとすること。「つぎに」まわりの手伝える人は手伝ってあげること。

そして、なにより**手伝わなかった（手伝えなかった）子どもにネガティブな印象を抱かないこと。**

責任とやさしさは別の話だよ。

だれかの困りごとを「手伝う」は「やさしい」でいいけど、「手伝わない」が「やさしくない」でもないでしょう。まず大事なのは「自分ですべて拾おう」と、できる限りひとりでがんばること。責任を果たすこと。そして、そのことを「手伝おうとする側」だって知っててほしい。これを知っていると「手伝ったほうがいいのかな？　いや見守ったほうがいいのかな？」と悩むことができる。この悩む力は、コミュニケーションにおいて「駆け引き」として役に立つ。一方で、「手伝って」とお願いできる力も大事だね。

「不機嫌で人をコントロールしない」
は大人の大事な条件だ。

このむつかしい話わかる？

ずるくない？ 不機嫌な大人って。「わたしはいま機嫌が悪いんだ！」なんて最悪の免罪符をぶら下げて「機嫌が悪いからこんな態度も仕方ない」「機嫌が悪いから言うことを聞けよ」なんてまわりを脅して受け入れさせようとする。言っちゃあ悪いけど「大人」だなんて呼べないよ。自分の機嫌は自分でとらないといけないし、とれないんなら黙って静かに過ごしてね。それでも機嫌が悪い人に遭遇したら、残念だけどそっとその場を離れましょう。相手は子どもじゃないんだからさ。あ、ただ大人でもないけどね。

特別支援学校では「**正しくイスに座れ てない子**」を注意するんじゃなく、 まず「**正しくイスに座れている子**」 **をほめてみる。**
「○○くんは背筋を伸ばしてイスに座れ てるね。あ！ □□さんもいいね」
のことばを聞き「ぼくもがんばる！」と正してく れれば、がんばる子どもをほめながらひ とりも怒らず目的達成。

気になるよね。よろしくない行動は。すぐ注意したくなるのはわかるけど、まず「正しい行動」を教えよう。できるだけ、よくない行動を注意するより「先に」、よい例を見せたりよい行動を評価したりしてみよう。そうやって、正しい行動が導けないかやってみよう。子どもに限らず大人だって「正しい行動」がわかってないから、いろんな失敗をしちゃってることはあるからね。あとさ、活動の総量が「よい行動7：よくない行動3」だった子どものよい行動を8にできたら、よくない行動は2になるよ。よい行動で、よくない行動を押し出そう。どすこい！

（聞こえますか…あなたの脳に直接語りかけています…**ひとりでうまく上履きが履けない、かかとを潰して履いちゃうなんてことに悩む保護者は今すぐループをつける**のです…これがあるだけで劇的に履きやすくなります…あと…かわいいです…）

特別支援学校では「環境設定」を初孫のように大事にする。それは「してほしくないことをさせない環境」を設定する場合もあれば「してほしいことをしてもらうための環境」の場合もある。この場合はその両方、「かかとを潰さず正しく上履きを履くため」の環境設定。かかとにループがあるだけで、子どもは「ここに指をひっかけて靴を少し広げれば、かかとをつぶさないで履ける！」と学習してくれる。「かかとを潰して履かないで！」なんて怒るより、かかとを潰さないで履ける（確率の上がる）環境を設定するほうが、みんながみんなハッピーなんだよ。

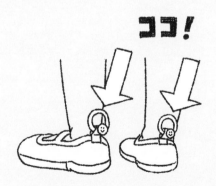

ココ！

赤ちゃんが産まれたニュースに「**高齢出産はあれもこれも大変だし子どもがかわいそう**」なんてコメントを寄せる人の旅行はいつも雨が降りますように。

「どうしようもないこと」と「自分への影響が小さい、だれかの決断」に口をはさみたくはない。「どうしようもないこと」は、どうしようもない。肌の色みたいにわかりやすいのだけじゃない。外野から見れば「どうにかできる」と思えることも、いろんなことが絡まって、その人には「どうしようもないこと」だってあるんだよ。自分の生活にほっとんど影響を及ぼさないのに、だれかの大きな決断やしあわせになろうとする姿勢に文句を言うのもいただけない。腹をくくって一歩を踏み出した人たちの「どうしようもないこと」を乗り越えた先にある決断に、ケチをつけることはしたくない。

障害のある子どもがもっとあたりまえ
に社会で生活してほしい。

年に一回のテレビ特番で主役にしなくていい。
ドラマやアニメの名もないモブキャラのひとり
がいい。

変にやさしくしなくていいし、必要な
支援がわからなくていい。

ただ「そういう子もいるよね」とや
わらかく受け入れる社会の土壌が
ほしい。

「障害がある」ことが、良くも悪くも「特別なこと」とされすぎている。あなたとわたしはちがう。声も、背も、足の速さも。好きな音楽だってちがう。わたしたちが、自分とは「ちがう」いろんなことを、すべて理解できているわけでも受け入れられているわけでもない。ただ、そのちがいを「特別なこと」だとも思ってない。それなのに「障害がある」ことだけは「特別なこと」として広報される。いつか「障害がある」ことが大げさじゃなく「そんなこともあるよね」と流されて、必要な支援が当たりまえに受けられる社会になればいいな。

特別支援学校に通う、ひらがなを上手に書けない子どもがいたとする。

数をこなそうと「ひたすらひらがなを書かせる指導」はほとんどの場合うまくいかない。

そんな単純な話じゃない。

困ってるのは、見え方？ 手の動き？ 集中力？ 記憶力？

大変だけど、それを探そう。

問題は、すぐには見えないところかも。

ヒットの打てないバッターがひたすら素振りをがんばったって、きっとそのままのスイングじゃ打てないよ。そんな単純な話じゃない。問題は、バットを握る位置かもしれない。腰をまわすタイミングかもしれない。ひとつひとつ上手くいっていない課題と向き合いながら、全体のフォームを修正していく。ひとつ修正したことで、またひとつなにか崩れるかもしれない。そしたらどっかで「折り合い」をつけていくしかない。すべて完璧じゃなくたって、3割打ったらスーパースター。

仕事が嫌なわけじゃなく、休みのほうが好きなだけ。
学校が嫌なわけじゃなく、自宅のほうが好きなだけ。
先生が嫌なわけじゃなく、家族のほうが好きなだけ。
授業が嫌なわけじゃなく、遊びのほうが好きなだけ。

おはようございます。

あっちが嫌なわけじゃなく、こっちが好きなだけなんだ。

「仕事に行きたくない」と書けば「嫌いな仕事なら辞めちゃえよ。好きなことを仕事にしようぜ」と熱い自伝でも書いてそうな人から返信がくる。ちがうんだって。べつに嫌いじゃないんだって。仕事が嫌なわけじゃなく、休みのほうが好きなだけ。それに「仕事に行きたくない」と「いい仕事ができない」は決してイコールじゃない。行ったらやるよ、プロだもん。学校に行きたくない子どもだって、授業や先生が嫌なんじゃなくて、家族や遊びのほうが好きなだけかもしれないよ。だから、いやいや来てもいいからね。来たら案外たのしいかもよ。

明日から学校がはじまることに絶望し
てる子どもがいると思うけど
安心してください先生もです。

うわぁぁぁああ
ぁぁ行きたくな
ぁあぁあぁい!!!

マニキュアが塗れたことを自慢してきた小学部の女子に「**わ、上手に塗れてるね**」と先に伝えてからやさし**く注意する特別支援学校**って最高じゃない？

自分やまわりの心身をおびやかす、モノが壊れて大きな被害が起きる。こんなことじゃなければ、一呼吸おいて子どもたちと関わりたい。だからマニキュアの塗られた爪を目にしたからって、脊髄反射で注意なんてしない。「ん？」という気持ちを飲み込んで、キュートな女子がマニキュアを自慢してきた気持ちを考える。「先生、見て！ わたしの爪かわいい！」にまずはしっかり向き合いたい。それから話をすればいい。「甘い！」って言われたらそれまでだけど、よろこんでほしかった子どもに悲しい気持ちだけ持ち帰らせることはしたくない。

特別支援学校に通う子どものほぼ全員が

YouTubeの右下にあらわれる「広告を
スキップ」を光の速さで押す。

その姿を見て「**自分に得があるスト
レスの少ない活動**」は習得しない
わけがないと改めて。

障害があろうがなかろうが、子どもだろうが大人だろうが、「ついやっちゃう」が究極のアプローチ。そして「ついやっちゃう」を分解すると「①やることが一目でわかる②ポジティブな結果が期待できる③手順が簡単④お金や時間のコストが低い」こんな中身になってるんだよ。そして、この①から④が満たされた活動は（よくも悪くも）簡単で得があってストレスが少ないから「つい」繰り返しちゃう。だからどんどん活動が強化されていく。あなたが永遠にお菓子をつまむのも「つい」食べちゃうからでしょう？

広告をスキップ ▶|

A→B→Cの手順じゃないとできない組み立て作業。

その子は何度もBを飛ばしてA→Cの手順でやってしまう。このとき「**Cを無くしてみる（隠してみる）**」**は有効**なことが多い。

まず「AとBしかない状況」で「A→C」の道をつぶし「A→B」を定着させる。そしてBができた"瞬間"、Cを渡し「B→C」の開通を狙う。

ありがちな指導は「A→C」を何度も何度も注意すること。でも、特別支援学校に通う子どもたちは「失敗から学ぶ」を苦手とすることが多い。だからわたしたちはできるだけ「失敗できない（←"失敗しない"ではない)」環境をまず設定する。つまり、この場合だと「Cを無くす」ことで「A→Cで組み立てることができない」環境にして「A→B」の定着だけを狙う。そして「AB」の形ができた"瞬間"にCを出し、つぎは「AB→C」に移行する。これができてくれば「A→B→C」の手順で組み立てることができるようになる。しらんけど。

どう見ても大丈夫じゃないときに声を
かけられるなら「**大丈夫？**」より「**大
丈夫じゃないよね？**」がいいな。

大丈夫？ を否定するパワーがしんどい
から、うなずくだけでSOSを伝えたい。

首を「縦」に振るのは簡単だけど、「横」に振るのはむずかしい。大丈夫じゃないわたしを気づかってくれてるから尚更に。心配してくれてるやさしいあなたを、心配させたくないからさ。どうしても「縦」に振っちゃうよ。だから、できるなら「横」に振らなくたって、やさしいあなたに「大丈夫じゃない」と伝えたい。

あのバンドの新譜が出るまでまだ死ね
ない。あの試合を観るまでまだ死ねない。
あのアイドルが引退するまでまだ死ね
ない。あの監督の新作が公開するまで
まだ死ねない。あのアニメが完結する
までまだ死ねない。あの店であれを食
べるまでまだ死ねない。

おはようございます。

趣味は寿命を延ばしてくれる。

「夢」がなくたって「趣味」があればそれだけで、生きる理由ができるんだって。あ、ごめん。ちょっとちがう。「死ねない理由」ができるんだって。しんどいよ、しんどい。この世はゆるい地獄だもん。毎日毎日いいことなんてあるわけないし、毎秒毎秒たのしいわけなんてない。それでも、そんな地獄に降り注ぐ一筋の光はあのバンドの新譜だし、あの試合。あのアイドルであり、あの映画。あのスイーツだし、あのお酒。「趣味」なんて軽く扱われがちなこの単語こそ「希望」と呼んでいいんだぜ。

特別支援学校に通う子どもは「分からないことが分からない」ことが多いので、先生は「分からないことが分からない」ことを分かってなきゃいけない。

このむつかしい話わかる？

特別支援学校で預金通帳くらい大事にしなきゃいけないのは「なにを教えるか」「どう教えるか」のまえに「なにがわかってて、なにがわからないのか」を考えること、把握すること。そして「わからないことがわからない」をなるべく見つけてあげること。わたしたちが子どもの「わからないことがわからない」をわかってあげてないと、わからないことがわからないままわかったふりで進めちゃう。子どもの「わかった」をすべて鵜呑みにすることなく、「じゃあやってみて」「説明してみて」と促して、ひとつひとつ確認しよう。

「ほめる」はセンスがいるよなぁ。やっぱり「言われてうれしい」じゃないと、ほめた意味が小さいし。巷でよく見る「起きただけでえらい」「出勤したらもう100点」みたいなの、わたしは正直苦手だもん。「あ、はい」としか思わない。

誰かの心身にぴったりハマる「ほめる」はずいぶんむつかしい。

なんでもかんでもほめりゃあいいってもんじゃない。赤ちゃんとおなじほめ方で、中年のおじさんをほめる人はいないでしょう…ってそういうプレイがあるとかそんなのは別の話だよ黙ってろ。

コミュニケーション能力は
「初対面の人でも気負いなく話せる」
「どんなタイプでも打ち解けられる」
みたいに"攻撃力"のスキルとして語られがち
だけど、**コミュ力ってのは、**
「必要のないことを言わない」
「会話の引き際を理解してる」
みたいに"守備力"の側面も同じ
くらいデカい。
地雷を踏まない力ね。

「コミュニケーション」を教える先生たちが、このことをわかってなくちゃいけない。おとなしい子どもや、しゃべるのが得意じゃない子どもを「コミュニケーション能力が低い」なんて決めつけちゃいけない。むしろ、そんな子どもたちが考えてることを引き出したり、どんな状況ならしゃべることができるのか工夫したりすることが大切なんだよ。そして、言いたいことを遠慮なく伝えられるのは強さでもあるけれど、会話はキャッチボールだから。自分の投げたい球ばかり投げればいいわけじゃない。相手が捕りやすい球を、投げられるコントロールも必要だ。

教えて！ 平熱先生!!

発達が気になる子どもたちと関わって
生活する大人たちからの質問に、特別
支援学校の先生がお答えします。

小学校に入学します。特別支援学校も
含め進学先を検討していますが、何を
決め手にすればよいでしょうか？

決め手は人によって異なります。た
だ、少なくとも気になるところすべ
てに見学にいって質問してください。
あと、そのとき好印象だった先生が
来年いるとは限りません。

わがままとこだわりの線引きが難しく、
関わり方に悩んでしまいます。何かコ
ツがあれば教えてください。

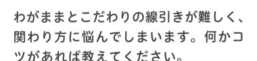

線引きは特に必要ないですよ。わが
ままでもこだわりでも、いいものは
いいし、ダメなものはダメなので。
わがままか、こだわりかではなく「行
動そのもの」を見て、具体的にアプ
ローチを。

「できたらゲーム買ってあげる」
「YouTube 見ていいよ」と、ついご褒
美で釣ってしまうんですが、あまり良
くないですよね？　ご褒美なしで自分
から「やろう」と思ってくれるようにし
たいのですが…。

ごほうび「あり」がよくないんじゃ
なくて、「ありすぎる」ことがよく
ないんです。給料が出ないなら明日
にでも辞表を出します。大事なのは、
塩梅です。

１人でいることが多く、みんなと一緒
に行動できる場面が増えたらいいので
すが。まず何から始めてみたらいいの
か教えてください！

ひとりずつ順番にできるあそびを、
みんなといっしょの空間でやってみ
るくらいのスタートはいいと思いま
す。ボウリングのようなあそびです。

教員をしていて、これまででいちばん
うれしかったことはなんですか？

うれしくなかったこと以外はうれし
いです。子どもの「できた！」を見
た瞬間もうれしいけど、何気ない日
常の1コマのほうがうれしいです。

偏食が気になります。好き嫌いをやわ
らげていく方法ってありますか？

嫌いなものを1口食べたら、好きな
ものを3口食べられるくらいのアン
バランスな駆け引きはどうかな？
ただ、食べないものは食べません。

興味の範囲が狭くて。興味を広げるた
めに何か実践できることって？

「好きにどうぞ」では広がりにくい
ので、「学習」としてスケジュール
に組み込むのがいいと思います。
ただ、興味は捏造できません。

Part.3

秋の授業
Oct.-Dec.

「正しい知識」があっても「正しい行い」
ができるか分からないけれど、「正し
い知識」がないと「間違った行い」
に気づくことができないぞ。

「**間**違えた」「あれはいけないことだった」と反省するためには「正しい知識」がないといけない。もちろん「正しい知識」があるからって、24時間365日「正しい行い」ができるはずなんてない。いけないことと知りながら、大人だって子どもだってやってしまうよダメだけど。でも、「正しい知識」がないとそれを「間違った行い」だったと気づくことができないでしょう。こわい話をしちゃうけど「正しい知識」をもってないと「間違った行い」を「正しい行い」だと勘違いして生活しちゃうかもしれないぞ。覚えといて。「わかった」の次が「できた」だよ。

「悪気がないから許してあげて」じゃないのよ。
「悪気なくそれを言えるセンス」が許せないんだよ。

まず「悪気」があるのかないのか、本人が自覚して
ないといけない。「悪気」があるならだれかにそ
れを言うのはいけない。つぎに、教えなきゃいけない。
悪気があろうがなかろうが「言ってはいけないこと」が
あるんだよって。あなたがどう思うかは関係ない。相手
がどう思うかも関係ない。あなたの美学や価値観は、まっ
たくもって関係ない。一瞬の笑いやしょうもない優越感
ほしさのために、だれかの「どうしようもないこと」に
「言ってはいけないこと」がある。このことをちゃんと知っ
とこう。

運動会のリレー中、バッタを追い
かけコースアウトしていく特別支
援学校って最高じゃない？

さらにこの光景を
みんなで心から笑え
る特別支援学校って
最高なんですよね。

125

たとえば「ふりかけがないと白米が食べられない」子どもに「他の子だってないんだから我慢してそのまま食べなさい！」と指導するパターンてめちゃくちゃ多いと思うけど、

これって「幸福の追求」からは程遠いよね。

「ふりかけ使おうぜ！ あなたは食べるラー油!? 美味しそう！」のほうが楽しくない？

　このテーマを少し別の視点から。特別支援学校で子どもたちに指導する際にいつも「天秤」を意識する。「ふりかけがないと白米が食べられない」と「ふりかけがあれば白米が食べられる」ならどっちがいいか考える。ふりかけをつかうことに抵抗を示すひとは「栄養を管理されてる給食にかけちゃダメ」なんて言い出す。100歩譲ってそうだとして、それでも「白米を食べるキッカケ」になるんだってふりかけが。はじめは1袋全部かけてても、徐々に減らせるかもしれないよ。最後はほとんど0にできるかもしれない。考えてくれよ「天秤」を。

特別支援学校では「負ける練習」をする。
ポイントは、**運や偶然性により決着が「すぐ」につくゲームを「何度も」行う**こと。

片方に勝敗を偏らせず、負けてもすぐ次の勝負に移る。具体的には引いたカードの数字で勝負とか。

負けた（思うようにいかない）感情をコントロールする練習は大切。

大人もね。

「回数を増やす」ことは、「こうじゃなきゃいけない」を薄める練習になる。たった1回の長いゲームと、すぐに100回できる簡単なゲームのどっちをすれば「負けの耐性」ができるかなんて一目瞭然。さらに負けの耐性を高めていく練習として「すぐに決着がつくゲーム」を「2連勝したら勝ち」「先に5勝したら勝ち」など、「勝利の条件」をいじってく。あと大事なのはゲームをする「まえ」に、負けたときの正しいふるまいをしっかり伝えておくこと。あらかじめ、大人が上手な負け姿を見せてあげておくのもグッドだね。

特別支援学校に通う他クラスの発語のない男子が、手をひいて黒板に貼ってある「今日の予定」まで連れていってくれた。

6時間目の下、空白を指差し、両手のグーを左右に捻る動作。

あ！ ハンドルかと気づいたので「きょうママのお迎え？」と聞くと満面の笑顔。

見通しもって人に伝えられて最高かよ天才だ。

何気ない日常の1コマだけど、このすごさを解説するよ。①男子が「予定表」の意味を理解し、見通しをもっていること。②6時間目の下は「空白」にも関わらず、ここが「お迎え」という時間の流れを理解していること。③「車での迎え」をグーを左右に捻る動作で表現できること。④発語のない彼が、人に伝える手段を確立できていること。⑤教員の問いかけを理解し、笑顔で応答できること。直接見ては、ないけど、ここにくるまで保護者や多くの先生たちの細かく丁寧な指導や支援があったこと、彼ががんばってひとつひとつ習得していったこと、この場でわたしが保証する。

風が吹いたら遅刻して、
雨が降ったら休みたい。

上履きの洗い方を勉強中、**なんか振動音するなぁと思って振り向いたらわたしの電動歯ブラシで上履きこすってる特別支援学校**って最高じゃない？

　ブラシをつかって、上履きを洗う学習。一通り説明して、いざ実践。みんなで一斉に上履きをこすり始めた。うんうん、いいねいいね。上手だぞー。なんて見守ってたら後ろから聞こえる小刻みな振動音。振り返るとわたしの電動歯ブラシで自分の上履きを一心不乱に磨く発語のない男子生徒。「うおーい！　ブラシはブラシでもそれ歯ブラシやないか！」と心の大声でツッコんだあと、電動歯ブラシならもっと汚れを落とせると考えた彼のアイデアを最高にクールだと思ったよ。「歯ブラシを隠してない先生のミスだね」と笑い飛ばしてくれた同僚の笑顔も忘れないんだぜ。

NO〰！

「厳しさ」は教育の絶対条件じゃない。
「あの頃、厳しく指導していただ
いて感謝してます」って話あるけど、
厳しくなくてもたどり着いた場所
かもよ？
しんどかった過去は、だれだって今を肯定する
材料にしたいもん。

無闇に厳しい先生は、あなたの指導で「た
のしい今」をつくれなかった人が見えて
るの？

す べての「厳しさ」を否定したいわけじゃない。でも、それをベースにしなくていいじゃない。「厳しさ」を絶対条件にしなくていいじゃない。「ミスしたらどうしよう」「怒られたら嫌だな」って、子どもたちを常にビクビクさせて、「失敗しないようにしないように」といつだって恐る恐る取り組ませるなんて気持ち悪くて仕方ない。もちろん、甘いだけじゃいけないよ。ダメなことはダメ。怒ることは怒る。でも「厳しさ」がなくても成立する指導を、まずは目指していきたくない？ いつだって失敗やミスよりも、成功やラッキーを見つけられる大人でいたい。

特別支援学校には「一手」しか読めない子どもたちが多い。

たとえば、昼から面接に備えてスーツを着たのに「食べたい！」だけで昼飯に激辛ラーメンを食べるとか。

お腹を壊す、服が汚れる、匂い、汗…食べたあとの「二手」が読めない。読もうとしない。

だから何度も何度も「二手」を読ませる練習をする。

なにか活動をするまえに「起こりそうなミス」を子どもたちと共有する。「このとき気をつけることはなに？」「これをしたらどんなことが起こる？」なるべくたくさん引き出すけれど、すべてを網羅できるわけでもない。だから「これだけはしちゃいけない」を見極めて、その防ぎ方を、何度も何度も伝えてく。それでも読めなかった「二手」は活動のあとに確認し、二度目のミスを回避する。簡単なことではないけれど、活動の「まえ」と「あと」のダブルチェックで「二手」を読み、予防と反省を繰り返す。

特別支援学校の保護者ニーズで多いのが、

「友だちと一緒に仲良くあそんでほしい」

言いたいことも気持ちもわかるし、大切なこと。

でも「友だちとあそぶ」は「ひとりであそ
ぶ」より上でもなんでもない。

**大事なのは自分にとってベストな
あそび方を自分自身が知り、まわ
りがそれを尊重できる**こと。

世は、大ソロ活時代!! 孤独な食事、ソロキャンプ、ひとり旅…どれも立派な大人気のコンテンツ。こんな風に、意図的に「ひとり」をたのしむ人たちに「みんな」であそぶことを強要する？ 彼らは、自分が心地いい過ごし方を知っている。自分がたのしいあそび方を知っている。「みんな」より「ひとり」のほうが落ちつくだけ。もちろん「みんな」であそぶたのしさだってある。あそべた方がいい場面も多い。でも、人には人のペースやたのしさがあるんだよ。そのたのしさを、まわりが強要しすぎるのは格好いいとは言えないぞ。ボッチ王に俺はなるっ!!

141

炎上覚悟で言いますが15時から
年休です。

盗みや殺しやサギなんかしてないよ。与えられた権利を行使して帰るだけだよ。なにが悪いの？

2連休なんて土曜は疲れを取るだけで
終わり、**日曜の夕方にはもう病ん
でるんだから必要なのは100連休。**

いや、
最低100って話な。

オードリー若林さんの書いた「**ネガティブを潰すのはポジティブじゃない。没頭だ**」の一節は、
背骨じゃないかと思うほど、わたしの身体を支えてる。

わたし自身、ネガティブに心を占拠されて動けなくなったことがある。くる日もくる日も、目のまえがすべて真っ暗だった。そんなとき、偶然ハマった海外ドラマ。ボロボロで家に帰ったら、ベッドに潜り込んでiPadを起動する。連日、刑務所からの脱獄を目指すスリリングな展開を食い入るように観ていたら「あれ？いま落ち込んでないぞ」と気がついた。どれだけポジティブに考えようとしても無理だったネガティブ脳を「没頭」が潰してくれたのだ。若林さんが言語化してくれた一節とこの体験がリンクして、わたしの身体を支えてる。

人の役に立ちたいんじゃなくて、
人の役に立つことで自分を救いた
いんだよ。

このむつかしい話わかる？

「**わ**かります、自己肯定感の話ですよね」と一蹴されるこの一文。ただ、そんな生ぬるくはない。これは「傷」の話だ。生きていれば「傷」を負う。その傷に、どうにかこうにか絆創膏を貼り付けて、涙をぬぐって歩いてる。そんな自分とおなじ「傷」をもつ人に、絆創膏を貼れるのは自分しかいない。だれかの「傷」を癒すことができたとき、自分の「傷」が意味をもつ。「傷」を「傷」のまま終わらせず、だれかを笑顔にできたとき、過去の涙に意味が出る。過去の痛みに価値がつく。過去を救ってあげられる。人の役に立つことは、自分を救うことなんだ。

だれかに「怒ること」や「叱ること」がい
けないんじゃなくて、
**その人を「恐怖でコントロールす
ること」がいけない**んだよ。

このむつかしい話わかる？

恐怖でコントロールしちゃう大人が絶滅しないのは、それが最も簡単で、短期的には効果がある（ように見える）から。「いつも」怒鳴って、にらんで、威圧してれば小さな子どもは言うこと聞くよ。でもさ、子どもが大人の言うことを聞く条件に「常に恐怖を必要とする」があっていいわけないんだよ。それに慣れてしまった子どもは、人を「こわいかどうか」で判断しちゃう。こわくない人の言うことを聞かなくなってしまう。そうすると勘違いする大人だって出てきちゃう。「去年の先生のように、ビシバシやってください」なんてさ。

人の「敵意」はほんとにしんどい。

自分に向けられる「傷つけてやる」って感情と正

対するのは疲れるよ。**「敵意」を感じたら、**

戦わずヘルプを出したり逃げたり

しよう。

おなじく相手を「傷つけてやる」と応戦

するより、すてきな漫画を読んでたい。

おはようございます。

逃げるが勝ちよ、いつだって。

日常的に「敵意」を向けられターゲットにされてる気配を感じたら、もう抗わなくていいんじゃないかな。戦わなくていいんじゃないかな。だって「敵意」を向けてくるような人の風向きを変えようと思ったら、できる作戦なんてゴマをすって懐に入るくらいでしょ。そこまでする価値がその人にあるとは思えない。まわりの大人に「あの人の敵意がしんどい」と伝えることで、なるべく回避していこう。知り合いなら、大丈夫だから離れよう。仕事なら、しっかり上司に報告しよう。「敵意」に向き合いおなじ土俵に上がるほど、あなたの人生は長くない。

「ここ塗ってね」と画用紙を指差し
たわたしの指を
丁寧に青の絵の具で塗りたくって
くれる特別支援学校って最高じゃな
い？

んーとね。細かいテクニックっつーかマジメな話をしちゃうとさ、「ここ塗ってね」なんて指示はあんまりよくない。「アンパンマンの鼻を塗ってね」みたいに具体的なほうがいい。それに「指を差す」必要さえなかったのかもよ。声かけだけで塗るところを伝えられたら「教員の指を塗りたくる」なんて「ミス」は起こさせなかったのかもしれないもん。でも、どんな人だって「ミス」は起こすでしょ。そんなとき、「こうすればよかったな」と反省しておなじミスを起こさないくらい、その「ミス」を笑い飛ばせる雰囲気や心のもちようは、きっと世界を救ってくれる。青い指、かっこよかったし。

鉛筆を忘れた友だちと「いちばん強い悟空の鉛筆を貸してあげる」「ありがとう。でも悟空は悪いから別の鉛筆でもいい？」なんてやり取りする特別支援学校の男子たち最高じゃない？

いちばん大事なものを貸せるやさしさと、いちばん大事なものだから借りられないやさしさ。苦手なことも、できないことも多い子どもたち。でもね、いちばん大事なことはしっかり育っているんだよ。

（聞こえますか…あなたの脳に直接語りかけています…**クリスマスケーキを就労継続支援事業所が運営するカフェで予約**するのです…お求めやすい値段で買えることもめずらしくありません…クオリティーも遜色ないでしょう…購入することで彼らの支援にもなります…近くの事業所を検索するのです…）

「就労継続支援事業所　カフェ」なんかで検索して、どんなお店があるか調べてみてね。あなたの街の近くにも、障害のある方たちが就労しているカフェやお弁当屋さんがあるんじゃないかな。中にはびっくりするクオリティーの商品やおしゃれな店もあるんだよ。もちろんお客さんが商品を買うのは「障害のある人がつくったから」じゃない。手作りで、安くて、おいしくて、接客が丁寧だとかそんな理由。だから気をつけて。行列や売り切れてることも多いから。わ、こんな文章書いてるヒマないや！ 早く電話しないと！ またお弁当売り切れちゃう!!

実母が

「いまのお母さん方はきれいすぎる。当時はみんな小汚かった。顔も服もボロボロだった。子育ては美しいもんじゃなかった。インターネットなんてないし、まわりと比べようもない。

ろくに情報も知識もなく適当に育てたけどなんとかなった。結果、あんたみたいになったけど」

って教えてくれました。

「比べる」には情報が必要だ。無人島で生活できたら、悩みの大半は消し飛ぶのかもしれないよ。あれよりこれがかわいい、これよりあれがイケてる、あれは通常これは異常。そんなのばっかで嫌になる。まわりと比べて上下や優劣をつけないと獲得できないしあわせが本物だなんて思わない。いいねやフォロワー数なんてわかりやすい「数」に惑わされず、目のまえだけ見て、手の届くところだけ抱きしめて、あとは全部フィクションだって笑い飛ばすくらいでいいんだよ。しんどくなったら、情報を絞り、少しずつでいいから「比べない」練習をしていこう。

どんな子どもが産まれても「**おめでとう**」**と言える社会じゃなきゃいけないし、**
どんな子どもが産まれても「**大丈夫だよ**」**と言える社会じゃなきゃいけない。**

いろんな子どもが産まれる。ほんとうにいろんな子どもが産まれる。祝福のことばとして語られる「母子ともに健康」がしんどくて耳を塞いだ人もいる。障害があるかもしれない、病気があるかもしれない。なにもなくても、生きづらいことだらけかもしれない。それでも、望まれてこの世に産まれてきてくれたことを「おめでとう」と祝いたい。今から直面するいろんな課題や困難に「大丈夫だよ」と伝えたい。赤ちゃんはなにも悪くない、産んだお母さん、育てる家族はなにひとつ悪くない。おめでとう、大丈夫。そう言える社会がいい。

障害のある子どもを産んだお母さんや育てる家族は「特別に強い人間」でもなければ、ましてや「神様に選ばれた人間」でもない。**大変なあれこれは「あなたなら乗り越えられる壁」なんて綺麗事じゃない。**

ふつうのお母さんとふつうの家族に産まれたこの子が、社会で生きてけるようにふつうの先生が手伝うぞ。

いるんです、なんでもかんでも「壮大な意味」をつけたがる人って。自分がまえを向くためならいいけど、他人に強制するのはいけないよ。日常って「やるしかないからやってるだけで、やらんでいいならやりたくない」ばかりでしょ？ 障害のあるなしに関わらず、子どもを育てることだって「やるしかないからやってるだけで、やらんでいいならやりたくない」が散りばめられてていいんです。それなのに、「障害がある」ことを理由に「特別な」演出を「まわりが」課すのはいただけない。がんばってない大人なんていない。わたしたち、よくやってる。

ボーナスが振り込まれた。

どう考えても２億足りない。

教えて! 平熱先生!!

発達が気になる子どもたちと関わって
生活する大人たちからの質問に、特別
支援学校の先生がお答えします。

YouTubeはどれくらい見せてもいい
ですか? 見たいだけ見せてもいいも
のでしょうか? そればっかりに夢中
で心配です。

どれくらい見てせていいかはご家庭
次第ですが、タイマーなどを使用し
て「一定時間見たらやめられる(次
の活動に切り替えられる)」ことは
とーっても大事です。

子どもにカッとなったり腹が立ったり
することはありますか? そういうと
きはどうやって鎮めていますか?

ありまくりです。ただ、瞬間的に
「あー、いま腹立ってるなぁ」とど
こか他人事のような俯瞰した感想を
抱くことで、ずいぶんクールダウン
することができます。

担任の先生に悩みや困りごとを相談するとき、どう伝えたらいいでしょう？

わたしは、電話より連絡帳など文章でやりとりするほうが好きです。言った言わないにならないし、アドバイスも文字として残っているほうがよくないですか？

小学部低学年の授業で使ったりする本は？ 好きな本も教えてください。

ふつうに「絵本」は教材としてめちゃくちゃ優秀です。絵がかわいくて、話がおもしろくて、短い。仕掛け絵本が好きです。

仕事が楽しくありません。平熱先生はなぜそんな楽しそうに仕事できるの？

たのしそうなだけで、たのしくないことたくさんです。たのしそうに見せるのが、紳士淑女の嗜みです。

平熱先生のことが好きなんですが、私の片想いですか？

奇遇ですが両想いです。

特別支援学校の１日のスケジュールを教えてください！

学校や学部によりますが、８時45分ごろスクールバスが到着。そこから15時過ぎまで授業。そのあと放課後デイに行く子、自力で下校、保護者のお迎え、など様々です。

「大人のほうこそ心身の健康を保つのが大事」とツイートしていますが、それを保つためにやっていることは？

腹八分目の食事、あったかい湯船につかる、７時間以上の睡眠はマストです。あと、隙間時間に必ず「エンタメ」に触れます。100連休ください。

Part.4

冬の授業
Jan.-Mar.

人類史上における四大文明はメソポタミア・エジプト・インダス・中国ですが**特別支援教育史上における四大文明はYouTube・いらすとや・100円ショップ・タッチパネル**です。

特別支援教育の教材づくりは「安い、早い、直感的」がそろえばフィーバー。トライ＆エラーを繰り返してひとりひとりに適した教材を用意する支援学校で、これらの要素は欠かせない。タッチパネルで直感的に操作して、無料で観られるYouTubeを視聴する。いらすとやで検索してきたイラストを、100円ショップで買ってきたホワイトボードに貼り付ける。これらがなかった時代の教育はほんとに苦労したんだろうな。先人たちとテクノロジーの発展に最大限の敬意を払いつつ、本人のがんばりや困りごとをサポートできる知識や技術は恩恵として受け取って、子どもたちに還元しなきゃね。

特別支援学校ではその子の興味関心に沿って教材準備をする。

課題に食いつくための導線も考えて、日常生活へのフィードバックも視野に入れる。

そして「さぁ！ 準備万端！」と臨んだ授業で「かさぶたが気になってそれどころじゃない」とかふつうに起こってもう爆笑。

綿密な準備が全部フリに思えて腹痛い。

特別支援学校って、ゆかい痛快なんですよ。予想できない角度のパンチでノックアウトされる日々。何度も倒されたはずなのに、ゴングが鳴るまで忘れちゃう。教材や授業の準備に、手応えがあるとなおさらに。ダウンを取れるイメージしか湧かない。何度も何度も経験して確認した相手の癖を見極め、渾身の右ストレートを入れるイメージ。それなのに、試合開始と同時にうしろからパイプ椅子で殴られる。その対策はしてなかった。

「間隔を空けてレジに並んでください」なんて声をかけたり、啓発ポスターを出したりするのは非効率だし分かりにくいからだれもしない。

代わりに「ここに立ってね」と床に足型マークを貼れば、一発でどこに立てばいいかハッキリわかる。

特別支援教育のエース「視覚支援」は、何も特別じゃないんだよ。

特別支援教育では「パッと見」で伝えることを大事にする。その中でも「視覚支援」は大エース。文字で伝えるより、音声で伝えるより、視覚情報をつかって「パッと見」で伝える。わたしたちだって外国の文字が読めなくても、ことばが聞き取れなくても、青と赤で描かれた男女のマークがあればトイレだってわかるよね。オリンピック・パラリンピックで注目されたピクトグラムなんてその最たる例。こんな風に情報を絞り、シンプルでわかりやすいイラストや記号は街中にもたくさんあるから探してね。「パッと見」で伝わる伝え方、上手になっていきたいな。

「がんばって、できた」を「できる」
で数えちゃいけないよ。

このむつかしい話わかる？

きびしいことを言うね。「できる」は「いつでも、どこでも、だれとでも、あたりまえにできる」ことなんだよ。頭や身体や心を大きく消費してつかんだ1回の「できた」はまだまだ「できる」と距離がある。だから、特別支援学校で耳にする「去年はできたのに」「あの先生とならできたのに」なんて嫌味はお門違いも甚だしい。人や環境に依存しすぎた「できた」をわたしたちは「できる」で数えちゃいけないよ。朝でも夜でも、学校でも家庭でも、どの先生とでも家族でも、ちょっと疲れていようとも「できる」ように子どもたちと接したい。

「授業中にネックウォーマーなんかつけるな！」どころか「**自分で寒いと判断してネックウォーマーつけるのすごいね！**」と子どもに伝える特別**支援学校**って最高じゃない？

話は少し変わりますが、雨傘がOKで日傘がNGの学校があると聞いて目玉が2km吹っ飛びました。雨から守るのと日光から守るのでなにがちがうの？ むしろ体にダメージあるのは暑さと紫外線のほうじゃない？ おなじ理由でサングラスを禁止するのもまったく理由がわかんない。あと、暑いや寒いは人によってちがうんだから「衣替え」なんて学校で決めなくていいんだよ。夏服でも冬服でも好きなときに着ればいい。卒業して「今日から冬服です」なんて伝えてくれる職場ある？ 自分で判断してつけたネックウォーマーの価値を、きちんとしっかり讃えたい。

「先生、〇〇くんは上手にしゃべれない
でしょ。でも、よく手を出してタッチ
や握手をしてもらおうとするよね？
**あれはさ、お話ができない代わり
にそうやって仲良くなりたいんじゃ
ないのかな？」**
と聞いてきた特別支援学校の男子にノーベル賞
を授与します。

特別支援学校には発語のない子どもや、会話がむずかしい子どもたちがいる。わたしたちプロの教員はそんな彼らの「聞こえない声」をちょっとした仕草や表情、ふるまいから感じ取り、いろんな指導や支援を試しては繰り返す。ただね、こんな高尚な話でもないんだよ本当は。この男子が気づいてくれたように「こうじゃないのかな？」って考えることがいちばん大事なことなんだ。声が出ない「から」会話ができないじゃなく、声が出ない「なら」、耳が聞こえない「なら」、目が見えない「なら」、それでも取れるコミュニケーションを探すことからはじめたい。

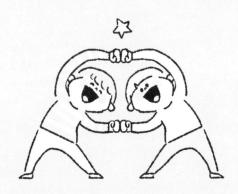

183

自閉症の子どもは手をひらひらさせる、拍手する、飛び跳ねる、くるくるまわる、斜め（横目）で見るなどの「常同行動（くりかえす行動）」を無意識にしてる。

多くの人が**一見なにをしているのかわからない行動たち。でも本人はこのおかげで落ちついたりたのしんだりしている**こと、知ってくれたらうれしいな。

特別支援学校ではたらいていると、毎日毎日いろんな「常同行動」をたくさんの子どもたちが見せてくれる。あの子は飛び跳ねて、この子はくるくるまわってる。わたしたちがなんとも思わないのは、この行動を「見慣れてるし、知っている」からだ。もちろん、街ゆく人に「見慣れてね」なんて言わないけど、「知っててね」とは伝えたい。突然、飛び跳ねる人がいたらビックリしてこわがっちゃうのは仕方ない。でも、ひとりでも多くの人が「知っている」ことは、やさしい社会に近づくための大事な大事な一歩だよ。

「こわい」を分解すると、ほとんど
が「知らない」と「わからない」で
できている。
だから知識が必要なんだよ。

「手が空いてる先生は…」という声を聞きながら退勤しました。
おつかれさまでした。

両の手はいつだって、
愛と勇気で空いてない。

支援が必要なのは障害のある子どもだけじゃない。

その子を育てる障害のない大人にだって、おなじかそれ以上の支援が必要だ。

あの子を支えるお母さんやお父さんに、倒れない支えがたくさんありますように。

少しだけでも、支えになれますように。

特別支援学校に通う子どもを育てていくことは、簡単なことじゃない。いつ話しても明るく、ユーモアたっぷりの連絡帳を書いてくれる保護者にだって見えないストレスや負担はきっとある。本当にたくさんの支援が必要な子もいるし、それがうまくいかないことだって多い。慢性的な疲れ、寝不足の毎日、受け入れて元気に過ごしてたはずの日々にだって襲ってくる心配や不安。支える側の大人たちに、支えがたくさんあってほしい。子どもたちを支えるみなさんの心や体に、たくさんのケアがありますように。

学校ではあまりオープンに語られていないけど、**障害のある子どもを育てる上で大きな負担となるのは「経済的な側面」**なんだよ。

各所からの急で頻繁な呼び出し、送迎や通所による仕事の制限。医療費や利用料、支援のためのグッズや日用品にも出費がかさむ。

もっともっと、時間的にも金銭的にも助けがほしい。

表じゃしにくいお金の話が、実はいちばんの悩みだってこともある。子どもの支援でフルタイムで働けない、シングルではどうしても収入を増やしにくい…。だからせめて、使える支援はしっかり使ってほしい。特別支援学校に通う子どもたちには「特別支援教育就学奨励費」など「申請しないと」活用できない制度や補助がある。住んでる地域によって受けられるサービスがちがうから、役場の福祉課に足を運び、問い合わせをしてほしい。書籍、インターネット、保護者の方々から情報の収集や交換もぜひ。ひとりで抱えちゃダメ絶対。

【悲報】
特別支援学校で「豆まき」の事前学習を
4校時に行った結果、**給食に出た節
分豆を食べずに投げる事案**が発生。

ちゃんと授業を理解してくれてありがとう!!! 涙でまえが見えません!!!

「一回しか言わないからよく聞くように！」どころか「**大事なことだから何回でも伝えるし、文字にしてわたしとくね！**」と子どもに伝える**特別支援学校**って最高じゃない？

大切なのは「言ったかどうか」じゃなくて「伝わったかどうか」でしょ？目的は「言う」ことじゃなく「伝わる」こと。もちろん指示を「1回で聞く」ことだって、できるにこしたことはない。でも、そのまえに教える大人が「1回で伝わる」ように伝え方を工夫しなきゃいけないよ。それができれば「1回しか言わない」なんてプレッシャーをかける必要なんてないんだから。あと、「伝わる」「理解してもらう」が達成できればそもそも「言う」にこだわる必要もない。紙に書いても、動画を見せてもいい。伝える側の工夫のなさを、なんでも押し付けちゃいけないよ。

廊下で話しかけてもいつも微笑むだけだった特
別支援学校の女子生徒。

発語がないと思い込んでた。

ある日、突然しゃべり声を聞いて度肝
を抜かれた。

「え！ なんで今までしゃべらなかった
の??」

「声出すのめんどくさいから」

め ん ど く さ い か ら。

このあと、恐竜が好き
だと教えてくれました。
廊下で会うと、会話を
してくれるようになり
ました（たまに）。

「自分は差別をしない」と「どこかで必ず差別している」は同時にもってなきゃいけない。

「差別しない」は当然だし、すばらしい。でも、やっぱりできてないんだよ。どこかで必ずできてない。

そこに目を向けないで「自分は差別をしていない(することはない)」の一辺倒は、いつか大きなケガになる。

　どこから「差別」でそうじゃないか。正解なんてだれが知ってるんだろうと思うほど、この問題はむずかしい。だけど、人は驚くほど簡単に「自分は差別をしていない」と決めつける。ここまではセーフ、ここからはアウト。ただ、あなたのモノサシはそうだけど、あの人のモノサシじゃちがうかも。今のセーフが、時代とともに変わるかも。いつだって「差別をしない」に立ってなお、「どこかで必ず差別している」と不安になるバランスがちょうどいい。

「チョコレートなんか持ってくるな！」
どころか**チョコの渡し方（もらい方）
を練習する特別支援学校**って最高
じゃない？

「恋愛」や「男女関係」のこと、通ってた学校じゃ教えてくれなかった。霧の中でやってるような性教育じゃ、なんにも学べていなかった。でもね、だれかに好意を伝えることはとっても大事なことなんだ。それが異性でもいいし、同性でもいい。好きな人がいてもいなくてもいいし、結婚も出産もしてもしなくてもいい。恋人がいるほうがえらいわけじゃないし、いないからって悲惨じゃない。そんな勉強をしていこう。チョコレートをどうやって渡せばいいか、もらえばいいか。みんなで考えていく授業。いいよね、特別支援学校って。

だれひとりチョコレートくれなかっ
たけど法律でも変わった？

「社会に出たあとは知らないよ」どころか、**社会に出て少しでも役立つようにメイクやビジネスマナーを教える特別支援学校**って最高じゃない？

「**学**校を出たらいつ使うの？」はたくさん習ったじゃないですか。デシリットルに漢文に。でも、反対に「学校を出たら使うよね？」で習ってないこともたくさんあるじゃないですか。学校は、もっと社会と接続されてる場所じゃないといけない。子どもたちが卒業後に生活していくための、最低限の知識や技術を養うところじゃないといけない。たしかにむずかしい国語や数学の勉強も大事だけど、社会に出るまでに教えておいてほしかったあれこれを今はみんなに教えてる。

特別支援学校に通う男子に「ラーメン少な」描いて！ と言われたので
丼にちょっとしか入ってないラーメンを描いたら両面宿儺のことでした。

ラーメン
上手に
描けたのに！

NO!

「学校」の漢字を練習してた小学部の男子が

先生、見て！ ここに「子」がある！
「木」「六」「父」もある！ と
すでに習った漢字を見つけて大喜
びで教えてくれてシビレたよ。自
分の発見を、誰かに教えられるっ
てたのしいもんね。
いい勉強してるなー！ 最高だぜ。

「やらされる」勉強ほどつまらないものはないから、わたしたちはどうにかこうにか子どもたちが「やってみたい」と思ってくれる教材や授業を準備する。「やらされる」に比べて「やってみたい」はずっといいけど、最強なのは「つい、やっちゃう」勉強だよね。この男子は習った漢字を「見つけさせられてる」でもなく「見つけてみたい」でもなく、「つい、見つけちゃう」だったよ。それをうれしそうに教えてくれる。控えめに言ってノーベル賞。

（聞こえますか…あなたの脳に直接語りかけて
います…**特別支援学校に背負ってく
るリュックは「チェストベルト」付
き**にするのです…リュックがずり落ちる
のを防げます…さらに**突然動き出した
子のリュックをつかむ際、身体が
抜ける危険を回避**できます…あと「カ
チャッ」とハメるのが好きな子も多いで
す…）

大袈裟じゃなく「命綱」みたいなもんですからね、チェストベルトは。付けるのを嫌がる子どもじゃなければ、ぜひ付けてほしいオプションです。とくに突発的な動きをする子ども、動きが大きい、多い子どもには旬のフルーツくらいおすすめです。あと、近いところで「子ども用ハーネス」みたいなアイテムもクールですよね。もちろん、こんな便利で有効なアイテムの使用は障害のあるなしと１ミリも関係ありません。みんなで使おう。それなのにギャーギャー外から文句を言ってくる人もいるけど、その人たちは子どもの命をあなたより守ってくれますか？

特別支援学校では「感情のコントロール」を学習する。そこでは「怒りを"爆発"させちゃいけない」と繰り返し伝えてく。イラっとするのは仕方ない。腹が立つのも当然。なにもかも許せるはずがない。

問題は怒ることじゃなく、怒りを「爆発」させること。

導火線に付いた火を、爆発までに食い止める。

子どもたちに「カッとなってだれかを殴る」とどんなことになるか説明する。相手がケガをする。治らないケガかもしれない。学校では特別指導。成人を控えた高等部の子どもたちには、社会でどんな処罰が下されるか伝えていく。同時に「怒る」こと自体は否定しない。「爆発」させることが問題だと伝えてく。6秒数える、その場を離れる、深呼吸する、お茶を飲む…いろんな方法があるけれど大切なのは「対象と離れる」「一呼吸入れる（数秒の間を空ける）」こと。人と時間と距離を空け、爆発させない。落ち着いて、冷静に、傷や怒りを主張する。

頼んでもないのに「先生、電話番号は嫌だけど LINE は教えてもいいよ。ブロックできるから」と言われたことがあります。

泣いてません。

き、危機管理能力が高
くて…す、ずばらじ
いっ…ぅ…うっ…。

全然
既読つかない…

「はい、チーズ」でだれひとりレン
ズを見てない特別支援学校って最
高じゃない？

あなたは、あなたらしくね。

おわりに

職業を聞かれて「学校の先生です」と答えると「なんの先生ですか？ 小学校？」と続けられることがほとんどです。
小学校でもなければ中学校でもないし、高校の先生でもないと少し意地悪に告げると、相手の顔に「？」が浮かびます。
まぁ「特別支援学校の先生なんですよ」と伝えてからも「？」が消えないことだってありますけどね。
「障害のある子どもたちが通う学校です」
から説明をはじめ、どんな子どもたちがいて、働く上でどんなことがたのしくてむずかしいか…相手に合わせてどんどん話をふくらませていくこともあります。ふだんの生活の中で、障害のある方と関わる人はほんとに少ない。だから、イメージできませんよね。仕方ないんですけど。
障害のある子どもたちが特別支援学校でどんなことを学習し、どんなことを身につけて大人になっていくか。教えている先生たちはどんなことを大切にしているか。
そんなことを多くの人に知ってほしい。なにも特別じゃないし、あなたに関係のない場所でもない。とってもすてきな仕事だし、とってもすてきな場所だと思うから。
特別支援教育は、とてもクリエイティブです。
他の学校の先生とちがって、学年で教えることが決まってい

るわけでもないし、教科書の通り授業を進められるわけでも
ない。業者が用意したテストをさせるわけでもありません。

小学部 2 年生だろうが、高等部 2 年生だろうが「この子はな
にが得意で苦手か。なにができて、できないか。なにがで
きたら生きやすくなって、なにができないままでも苦労しな
さそうか」そんなことをひとりひとり考えて接するオーダー
メイドの教育です。

彼らには「障害」があります。それゆえに苦手なこと、でき
ないことがどうしても多くなってしまいます。

でも、だからって全部できなくていいわけじゃないし、でき
たほうがいいことはたくさんあります。「できたほうがいいこと」
の中から「できそうなこと」を片っ端から身につけていって
もらうのがこの仕事なんじゃないかな。しらんけど。

自分の子どもに障害がある事実を受け入れることは簡単では
ありません。だから、わたしたちはいろんな「できた」を積
み重ね「できる」にしていく姿を見てもらうことで、保護者
さんの心を少しでも楽にできたらいいなぁと思っています。

この本が、子どもたちを支える大人たちにとって少しでも役
に立ったり笑ったりできるものになっていれば幸いです。

平熱

著者紹介

平熱（へいねつ）

おもに知的障害をもつ子どもたちが通う特別支援学校で10年くらい働く現役の先生。小学部、中学部、高等部のすべての学部を担任し、幅広い年齢やニーズの子どもたち、保護者と関わる。「視覚支援」「課題の分解」「スモールステップ」「見えないところを考える」など、発達障害やグレーゾーンの子どもたちだけではなく、全人類に有効な特別支援教育にぞっこん。

X：@ 365_teacher

「ここ塗ってね」と画用紙を指差したわたしの指を
丁寧に塗りたくってくれる
特別支援学校って最高じゃない？

2023年 7 月12日　　第1刷発行
2024年11月15日　　第3刷発行

著　者　平熱

発行者　矢島和郎
発行所　株式会社飛鳥新社
　　　　〒101-0003　東京都千代田区一ツ橋2 - 4 - 3 光文恒産ビル
　　　　電話03-3263-7770（営業）　03-3263-7773（編集）
　　　　https://www.asukashinsha.co.jp

印刷・製本　中央精版印刷株式会社

ISBN 978-4-86410-943-7
©Heinetsu 2023, Printed in Japan

編集担当　石井康博

飛鳥新社
公式X(twitter)

お読みになった
ご感想はコチラへ